LE BAL DE LA HALLE

A-PROPOS-VAUDEVILLE EN DEUX ACTES

Par MM. CLAIRVILLE et AD. CHOLER

Représenté, pour la première fois, à Paris, sur le théâtre du VAUDEVILLE,
le 13 août 1852.

(LES AUTEURS SE RÉSERVENT LE DROIT DE TRADUCTION.)

PRIX : 60 CENTIMES.

Paris

BECK, LIBRAIRE, RUE DES GRANDS-AUGUSTINS, 20

TRESSE, successeur de J.-N. BARBA, Palais-Royal.

—

1852

LE BAL DE LA HALLE

A-PROPOS-VAUDEVILLE EN DEUX ACTES,

Par MM. CLAIRVILLE et Ad. CHOLER

Représenté, pour la première fois, à Paris, sur le théâtre du VAUDEVILLE,
le 13 Août 1852.

(Les auteurs se réservent le droit de traduction.)

PERSONNAGES.	ACTEURS.
SIMON...	MM. Ambroise.
PIERRE..	A. Luguet.
CLIQUET.......................................	Schey.
GROSBEC.......................................	Léonce.
ÉTRETAT.......................................	Jules.
CABOCHARD.....................................	Bastien.
VERDURIER.....................................	Formose.
MONACO..	Roger.
MARIE...	Mmes Cico.
MADAME ÉTRETAT................................	Estelle Pluck.
MADAME CABOCHARD..............................	Clorinde.
MADAME SIMON..................................	Marguerite.
MADAME VERDURIER..............................	Jeanne.
MADAME RATOUILLE..............................	Charlotte.
MADAME RISSOLE................................	Louise.

Les indications sont prises de la gauche du spectateur. Les personnages sont inscrits en tête de chaque scène dans la position qu'ils occupent en partant de la gauche, les changements sont indiqués par des renvois.

S'adresser pour la musique exacte de cet ouvrage, à M. Taranne, 15, rue Montmartre.

Le théâtre représente une boutique de marchande d'oranges, ouverte au fond ; porte à droite, deuxième plan, du même côté un comptoir ; à gauche, une commode sur laquelle il y a un petit coffre, et une petite corbeille à oranges.

SCÈNE PREMIÈRE.

MARIE. *Elle écrit sur son registre, et est assise dans son comptoir.* Cent onze et cent douze. J'espère que le Portugal donne un peu cette année ! Allons, encore dix francs à mettre dans ma cassette... j'aurai un volant de plus à ma robe... J'en comptais déjà dix, ça fera onze... S'il n'y a pas de place sur la jupe, j'en mettrai sur le corsage et les manches. Dame ! il faut bien qu'une dame de la Halle fasse honneur à son bal...

Air : *C'est à ma toilette.* (Amour dans tous les quartiers.)

Grâce à ma toilette,
Demain à la fête,
Je f'rai la conquête
D' plus d'un amateur ;
Mais je suis honnête
Quoiqu'un peu coquette,
Et jamais ma tête

N' parle sans mon cœur.
C'est pour celui que je préfère
Que j'ai de riches vêtements,
Et c' n'est pas pour être légère
Que j' mettrai ma robe à volants.
Non, mon cœur n'a pas de volants.
Grâce à ma toilette, etc.

Ce qui ne m'empêchera pas de danser, de rire, de m'amuser... Il faut bien faire honneur à la ville de Paris, qui m'a fait la politesse de m'inviter... Et on verra si je suis bégueule, comme le disent toutes ces dames... et cela parce que je n'ai pas voulu aller au dernier bal de la Halle... Il y avait de bonnes raisons pour cela... je commençais mon petit commerce, et je n'avais que deux cents francs... de dettes... La jolie figure que j'aurais faite au bal... Tandis qu'aujourd'hui, j'ai plus de cinq cents francs d'économies, et avec cinq cents francs de chiffons et une figure chiffonnée aussi, on peut aller partout...

SCÈNE II.

MARIE, PIERRE. *Pierre, costume de commission-*
naire, crochets et bâton. Il frappe avec son
bâton à la porte qui est ouverte.

PIERRE. Toc... toc... toc...

MARIE, *se retournant.* Tiens! c'est M. Pierre...

PIERRE. Oui, c'est moi. Est-ce que je suis in-
discret?.. J'ai sonné pourtant. (*Il dépose ses cro-*
chets à la porte.)

MARIE. Mais non, vous ne me dérangez pas...
(*Cachant son coffret.*) C'est égal, je veux lui
garder la surprise pour demain.

PIERRE. A la bonne heure! Mam'selle... parce
que, honnête, adroit et discret, voilà ma devise...
(*Allant à ses crochets dont il retire un gros bou-*
quet.) Et sur ce, Mam'selle, permettez-moi de
vous la souhaiter bonne et heureuse.

MARIE. Oh! le joli bouquet!..

PIERRE. Rien n'est trop joli pour Marie.

MARIE. Marie!.. Mais, je ne sais plus si c'est
aujourd'hui ma fête.

PIERRE. Comment donc ça, Mam'selle?..

MARIE. Dame! on dit maintenant que le 15 août
c'est la Saint-Napoléon...

PIERRE. Ça n'empêche pas, Mam'selle... Toutes
les Marie s'appelleront Napoléon.

MARIE. Je vous remercie bien, monsieur Pierre.

PIERRE. De quoi donc, Mam'selle?..

MARIE. De votre joli bouquet.

PIERRE. Par exemple!.. (*Il va pour sortir.*)

MARIE. Eh bien! vous partez?..

PIERRE. Dame!.. je vous ai souhaité vot' fête, et
maintenant j' n'ai plus qu'à vous souhaiter l' bon-
jour...

MARIE, *tendant sa joue.* Et le commissionnaire
qui n'est pas payé.

PIERRE. Eh quoi! Mam'selle, vous me permettez,
ou plutôt, vous m'avancériez?... Car, c'est une
avance sur not' bonheur futur... Ah! quelle
joie!.. (*Il l'embrasse à plusieurs reprises.*)

MARIE, *elle passe à droite* (1). Mais, finissez
donc. Vous en prenez trop maintenant, d'avances.

PIERRE. C'est vrai, je me ruine, et ça quand jamais je n'ai été plus riche... Le bal de demain,
mon bonheur d'aujourd'hui... C'est à devenir fou!

Air de *Montaubry.*

Viv' le bal du gouvernement,
Et vivent les gens de la Halle!
Jamais dans notre capitale
On n'aura vu d' bal plus charmant.
J'ai déjà fait mes emplettes,
D'abord, j'aurai des gants blancs,
Un habit noir, des manchettes,
Et du ling' blanc comm' mes gants.

1 P. M.

J'aurai d' la gaîté pour vous plaire,
Et j' viendrai vous dire comm' ça :
Mam'selle, avec votre ami Pierre,
Voulez-vous danser un' polka?
Viv' le bal, etc.

(*Ils polkent sur la reprise.*)

MARIE.

Moi, je prépare ma mise,
Qui s'ra p't' être à votre gré ;
Mais pour vous faire un' surprise,
Je n' dis pas ce que j' mettrai.
Et quand vous m' direz, pour me plaire :
Mam'sell', voulez-vous m' suivre au bal?
J' vous répondrai : — Oui, monsieur Pierre...
Et j' crois qu' nous n' s'rons pas les plus mal.

ENSEMBLE, *polkant.*

Viv' le bal, etc.

(*A la fin de la polka, Pierre embrasse Marie.*)

SCÈNE III.

PIERRE, MARIE, CLIQUET, GROSBEC.

CLIQUET, *entrant.* Qu'est-ce que c'est que ça?

GROSBEC. Tiens! ça chauffe ici...

MARIE. Des pratiques!.. Voyez, Messieurs, choi-
sissez...

CLIQUET. Merci, Mademoiselle, nous ne sommes
pas venus ici pour du portugal.

PIERRE, *pendant ce qui précède, est passé à*
l'extrême droite (1). Tiens!.. et pourquoi donc?

CLIQUET. Nous sommes venus pour un rensei-
gnement... (*Bas, à Grosbec.*) Qu'est-ce que t'en
dis, hein, Grosbec?..

GROSBEC, *bas.* Elle est très-gentille, mais le
commissionnaire a de grosses mains... Allons-
nous-en!..

PIERRE. Qu'est-ce qu'ils ont à chuchotter?....
(*Grosbec passe à gauche, Pierre le suit* (2).

MARIE. Eh bien! j'attends... Parlez donc!..

CLIQUET. Voilà ce que c'est. Nous venons de-
mander à Mademoiselle sa protection.

MARIE. Ma protection ?..

CLIQUET, *bas.* Oui, ange. (*Mouvement de Marie.*)
Chut! .

GROSBEC. Chut!.. (*Il recule, se cogne dans*
Pierre et passe à droite (3).

CLIQUET. Oui... Mon ami désire se lancer un
peu dans le monde officiel... il espère y tripoter
un beau mariage... Il n'est pas difficile... malgré
son immense fortune, il se contentera d'une dot
de cent mille francs...

MARIE. Eh bien! qu'est-ce que ça me fait?..

PIERRE. Oui, qu'est-ce que ça nous fait?..

GROSBEC, *bas, à Cliquet.* Le commissionnaire a
de grosses mains... Allons-nous-en !..

1 M. C. G. P.
2 P. G. M. C.
3 P. M. C. G.

CLIQUET. Comment!.. Vous n'avez pas compris que nous désirons obtenir, par votre entremise, deux invitations pour le bal des dames de la Halle.

PIERRE. Par exemple !..

GROSBEC. J'aurai une tenue décente .. J'emprunterai un habit bleu... et des bottes vernies.

PIERRE. Comment! Il empruntera...

CLIQUET. Mon ami plaisante... il veut dire qu'il sera couvert de diamants... C'est un farceur.

MARIE. Mon Dieu ! Messieurs, ce que vous désirez est impossible... On n'invite que des personnes connues.

CLIQUET. Mais, nous ne sommes pas des va-nu-pieds... Grosbec, présente-moi à Madame.

GROSBEC, passe derrière et le prend par la main (1). Arthur Cliquet, clerc d'huissier.

CLIQUET, passant, à Marie (2). Noblesse de robe. A mon tour... (Il prend Grosbec par la main.) Triptolème Grosbec, homme de loisir... expéditionnaire quelquefois... Il a une belle main.

PIERRE. Et une vilaine tête. (Il remonte.)

MARIE, passant au milieu (3). Je ne puis que vous répéter ce que je vous ai dit.

CLIQUET, avec âme. Oh! j'aurais pourtant bien voulu danser une shotisch avec vous... Chut!..

GROSBEC. Chut!..

PIERRE, redescendu à droite (4). Puisqu'on vous dit que ça ne se peut pas... (Grosbec se sauve à l'extrême gauche. A Marie (5). Mam'selle, s'ils vous ennuient, dites-le-moi, j' vas les emporter sur mes crochets... (Marie va s'asseoir dans son comptoir. Pierre cause avec elle (6).

GROSBEC, effrayé. Hein!.. il me prend pour un colis...

CLIQUET, à part. Est-ce que je ne vais pas me débarrasser de cet animal-là!.. Oh! quelle idée !..

GROSBEC. Il a de grosses mains... allons-nous-en !..

CLIQUET, à Pierre. Vous êtes commissionnaire, mon brave?..

PIERRE. V'là ma médaille... Honnête, adroit et discret, v'là ma devise!..

CLIQUET. Alors, si vous êtes commissionnaire, vous faites des commissions?.. (Un individu paraît et rôde dans la rue, au fond.)

PIERRE. Quelquefois... pour un franc...

CLIQUET. Voici une lettre qu'il faut porter de suite à son adresse.

PIERRE. De suite!.. Permettez... c'est que...

CLIQUET. Vous ne voulez pas?..

PIERRE. Faut-il y aller, Mam'selle ?..

1 P. M. G. C.
2 P. M. C. G.
3 P. C. M. G.
4 C. M. G. P.
5 G. C. M. P.
6 G. C. P. M.

MARIE. Certainement.

PIERRE. Je prends mon petit trot... Ce ne sera pas long.

CLIQUET. Prenez garde... N'allez pas trop vite, la lettre est chargée...

PIERRE. Elle n'est pourtant pas lourde.

CLIQUET. Il y a dedans un billet de cinq cents francs.

L'INDIVIDU, qui est au fond, à part. Cinq cents francs!.. (Il se cache à droite de la porte, dans la rue.)

CLIQUET. Vous me rapporterez la réponse à mon hôtel, rue Vide-Gousset, 110.

PIERRE. Soyez tranquille!.. Honnête, adroit et discret, c'est ma devise...

GROSBEC, bas, à Cliquet. T'as des billets de cinq cents francs, toi?..

CLIQUET. Laisse donc!.. C'est une lettre dans laquelle je demande vingt-cinq francs à mon oncle pour m'acheter des faux-cols.

GROSBEC. Eh bien! Pourquoi que tu dis?..

CLIQUET. Laisse donc, bêta... La fortune, ça éblouit le sexe!..

PIERRE. Est-ce que vous restez là, Messieurs?..

CLIQUET. Du tout, nous achetons des oranges et nous filons.

PIERRE, bas, à Marie. Mam'selle, si ces messieurs vous ennuient, vous savez qu' les amis n' sont pas loin.

MARIE. Oh! je n'ai pas peur !..

PIERRE. Sans adieu, mam'selle Marie.

MARIE. Sans adieu. (Pierre s'éloigne par le fond, à gauche. On voit l'individu qui s'était caché traverser le théâtre et le suivre. Grosbec, pendant les adieux de Pierre, a pris une orange et la mange.)

SCÈNE IV.

GROSBEC, MARIE, CLIQUET.

CLIQUET. Eh bien! qu'est-ce que tu fais donc, toi?

GROSBEC. Je goûte les oranges.

CLIQUET. Mais tu n'as pas le sou.

GROSBEC. Je n'en achète pas, je les goûte.

MARIE, redescendant. Eh bien ! Monsieur, sont-elles bonnes?

GROSBEC. J'aime à leur rendre cette justice.

CLIQUET. Étourdissons-la par quelques propos badins.

MARIE, à Grosbec. Combien vous en faut-il ?

CLIQUET, lui prenant la taille. Autant que vous m'avez fait pousser de soupirs depuis que je vous connais.

MARIE. Que signifie?

CLIQUET. Cela signifie, adorable jeune fille, que, non-seulement je suis clerc d'huissier, mais que de plus je suis amoureux.

GROSBEC. Puisque Cliquet est amoureux, je suis amoureux.

CLIQUET. Eh bien ! alors, prends une leçon ; tu vas voir comment on opère une saisie, même par corps, sur une marchande d'oranges.

MARIE. N'y venez pas, Monsieur, ou je vous soufflette.

CLIQUET. A l'assaut, Grosbec.

GROSBEC. A l'assaut !

MARIE. Feu partout ! (*Elle les soufflette tous les deux.*)

CLIQUET. Ah ! pristi !

GROSBEC. Ah ! saperlotte !

MARIE. En avez-vous assez ?

GROSBEC. Oui, je me déclare satisfait.

CLIQUET. Et moi pas... nous avons attaqué séparément... charge à fond de train !

Air : Trompons-nous.

Moi, d'abord, j'exige un baiser.
GROSBEC.
Ce soufflet, il faut l'effacer.
MARIE.
Taisez-vous, taisez-vous,
Ou je me mets en courroux.
CLIQUET ET GROSBEC.
Un baiser, un baiser,
Ça ne peut se refuser.
MARIE.
Ah ! craignez ma fureur,
Car je griffe de bon cœur.
CLIQUET ET GROSBEC.
En avant ! en avant !
Nous ne craignons rien vraiment.

ENSEMBLE.

MARIE.
Tous les deux contre moi, je me sens en fureur !
J' défendrai mon honneur.
Tous les deux ! ah ! vraiment,
C'est par trop d'acharnement.
Ce baiser, ce baiser,
Je saurai le refuser.
LES DEUX HOMMES.
Du courage, attaquons et bravons sa fureur !
Il faut avoir du cœur.
Attaquons ! c'est charmant,
Mais je ne crains rien, vraiment.
Un baiser, un baiser,
Ça ne peut se refuser.

(*Ils poursuivent Marie autour du comptoir ; en se sauvant elle leur jette les chaises dans les jambes.*)

SCÈNE V.

LES MÊMES, MESDAMES ÉTRETAT. SIMON, VERDURIER, CABOCHARD, RATOUILLE, RISSOLÉ (1).

MADAME ÉTRETAT. Jour du ciel ! des mirliflors qui tracassent la petite Marie.

1 M. Ri. mad. V. mad. S. C. G. mad. E. mad. C. Ra.

GROSBEC. Bon ! nous voilà toute la halle sur le dos.

CLIQUET. Voyons, voyons, Mesdames, est-ce qu'il n'est plus permis de marchander des oranges ?

MARIE *désignant Cliquet.* C'est pas vrai ; ce grand-là voulait m'embrasser sans marchander.

MADAME VERDURIER. Mon petit, apprends qu'on ne tient pas de baisers à la halle.

GROSBEC, *à madame Simon.* C'est ce que je lui disais.

MADAME ÉTRETAT. Mais en revanche, on tient des giroflées sur le carreau de la halle. (*Elle donne un soufflet à Grosbec et passe à Marie (1). Madame Cabochard la suit.*)

GROSBEC, *portant sa main à sa joue.* Ah ! c'est à rester sur le carreau. (*A Cliquet.*) Viens, Cliquet, filons...

CLIQUET. Mais sois donc tranquille, quand je te dis que je prends tout sur moi.

GROSBEC, *à part.* Il aurait bien dû commencer par le soufflet.

MADAME SIMON. Allons, allons, décampez.. (*Montrant ses deux bras.*) Ou je vais jouer de mes battoirs.

MADAME RISSOLÉ, *allant à lui (2).* Et moi, je vais vous coiffer avec ma poêle. (*Elle a sur un éventaire un fourneau et une poêle comme les marchand s de saucisses et de lard grillés.*)

MADAME RATOUILLE. Et moi, foi de veuve Ratouille, marchande de consommé à un sou, je vais vous tremper gratis une soupe.

TOUTES, *se jetant sur eux et les tapant.* Oui, oui, trempons-leur une soupe. (*Sur l'ensemble suivant, les deux hommes passent à gauche, poursuivis par les femmes.*)

Air : Lorsqu'on va boire à l'écu.

Allons, décampez, muscadins,
La p'tite Marie
Avant peu se marie,
Et se moque des galopins
Qui, comme vous, ont de mauvais desseins.
CLIQUET (3).
Mais, cependant permettez...
TOUTES.
A l'instant, sortez, sortez.
CLIQUET, à Grosbec.
Viens, suis-moi, qu'est-c' que ça fait,
J'ai mon projet.
GROSBEC.
T'as ton projet, et moi j'ai mon soufflet.

ENSEMBLE.
TOUTES.
Allons, décampez, muscadins, etc.

1 M. mad. E. mad. C. mad. Ri. mad. S. C. G. mad. Ra.

2 M. mad. E. mad. C. mad. S. mad. Ri. C. G. mad. Ra.

3 G. C. les femmes.

CLIQUET ET GROSBEC.

Pour renoncer à $\frac{mes}{ses}$ desseins,
La p'tit' Marie
Est beaucoup trop jolie,
Nous ne somm's pas des galopins,
Mais de charmants amoureux citadins.

*(Sur l'ensemble les femmes battent Cliquet et Gros-
bec et les poussent dehors.)*

SCÈNE VI.

LES MÊMES, *moins* GROSBEC ET CLIQUET (1).

MADAME VERDURIER. Hein! Marie, voilà les rou-
couleux envolés.

MADAME SIMON. Et c'est un fameux service que
nous t'avons rendu là... mais t'es si bonne, si
gentille, quoiqu'un peu *fiérotte*, cependant.

MARIE. Moi fiérotte?

MADAME ÉTRETAT. Oui, tu fais un brin ta tête;
tu ne nous fréquentes pas, tu ne dis pas de sottises aux acheteurs... ça te fait remarquer.

MADAME CABOCHARD· Ça te fait du tort.

MARIE. Ah ! je ne savais pas.

MADAME RATOUILLE. Quelle innocente! Moi,
j'avais douze ans que *j'invectimais* les bourgeoises
les plus respectables et que je m'étais fait fourrer
deux fois à la salle Saint-Martin. Aussi, qu'est-
ce qui donne le genre à la pointe Saint-Eustache?
là petite mère Ratouille.

MADAME ÉTRETAT. Oh çà! nous ne t'avons pas
encore dit ce qui nous amène toutes chez toi.

MARIE. Non, mais parlez, je suis tout oreilles.

MADAME ÉTRETAT. Eh bien! mon enfant, comme
ta boutique est la plus espacieuse de la halle,
les syndics et syndiquesses de la fête ont choisi
ton local pour jaboter des préparatifs du bal des
Innocents.

MARIE. Et vous avez très-bien fait.

MADAME SIMON. Ah çà! j'espère que tu ne nous
feras pas faux bond comme il y a cinq ans, et
que tu ne feras pas fi des dames de la Halle.

MARIE. Ah bien oui! je ne rêve qu'à ça, et la
nuit il me semble que moi et mes oranges nous
dansons le galop tout autour de la boutique.

MADAME RATOUILLE. Eh bien ! ma petite, demain,
tu le danseras, mais tout de bon.

MADAME VERDURIER. Hein! Mesdames, faut con-
venir que le gouvernement a eu là une fameuse
idée.

TOUTES. Oui, oui.

MADAME ÉTRETAT. Et que c'est très-délicat de
sa part, car autrefois...

1 Mad. Ri. mad. V. mad. S. M. mad. E. mad. C
mad. Ra.

Air de *Turenne*.

Plus d'un d' nos forts, sur la place publique,
A l'émeute courut follement.
MADAME SIMON.
Dans notre Halle on n' fait plus d' politique;
Aussi comme remerciment
Nous aurons d'main un bal charmant.
MADAME ÉTRETAT.
La Hall', jadis, fit dans maint' saturnale,
Sauter l' pouvoir, et maint'nant on va voir,
Sans conserver de rancun' le pouvoir
Faire à son tour, sauter la Halle!

(On entend rire dans la coulisse.)

Ah! voilà messieurs nos maris. (*Marie va à son
comptoir.*)

SCÈNE VII.

LES MÊMES, ÉTRETAT, SIMON, VERDURIER,
CABOCHARD, MONACO (1).

TOUS LES HOMMES.

Air: *Y a plus d' plaisir que d' peine.*
C'est demain grande fête,
Il faut qu'on arrête
Le cérémonial
De notre joyeux bal,
Le cérémonial
De notre joyeux bal.
SIMON.
Quel plaisir! quelles noces!
VERDURIER.
Je veux manger de chaque plat.
ÉTRETAT.
On peut s' donner des bosses
Quand c'est aux frais d' l'Etat.
TOUS.
C'est demain grande fête, etc.

MADAME ÉTRETAT. Tiens, vous avez donc été
définitivement nommés les syndics de la chose?

ÉTRETAT. Oui, nos femmes, oui... vous voyez
en nous les représentants de toutes les halles.

CABOCHARD. Moi, je représente les pommes de
terre.

ÉTRETAT. Moi, les merlans.

VERDURIER. Moi, les melons.

MADAME VERDURIER. Oh ! toi, tu les as toujours
représentés... ça te revenait de droit.

VERDURIER. Hein? Platt-il?

SIMON. Moi, je représente les forts... mais là,
carrément... Psit!... J'espère, madame Simon,
que vous trouverez ce choix complétement jus-
tifié.

MADAME SIMON. Hé! hé! pour un syndic du bal,

1 Mad. Ri. Mo. mad. V. V. mad. S. S. mad. E. E.
mad. C. C. mad Ra. Ma. *dans son comptoir.*

depuis quéque temps, tu n'as guère de cœur à la danse.

SIMON. Non, madame Simon, non,..... vous me calomniez, je ne suis pas un fort détaché des joies de ce monde. (*Passant un entrechat.*) Et je vous le prouverai demain, et là, carrément... psit!

MADAME VERDURIER. Et le père Monaco, le prêteur à la petite semaine, qu'est-ce qu'il représente, lui?

MONACO. Moi, je représente la banque des z'halles.

MADAME ÉTRETAT. Eh bien! tiens-toi bien... demain au bal, nous ferons sauter la banque.

LES FEMMES. Oui, oui, nous ferons sauter la banque.

SIMON. Voyons, voyons, un peu de silence, nous avons à vous lire un projet de règlement pour la police du bal.

TOUTES. Écoutons, écoutons.

SIMON, *lisant.* « Tarif des amendes que pourraient encourir ceux ou celles qui se permettraient des gestes prohibés dans l'intérieur du bal... à savoir : pour une dent cassée .. trois francs... pour un œil poché, un franc... pour un coup de pied dans les jambes, cinquante centimes... autre part, ça monte plus haut... » Eh ben! est-ce approuvé?

TOUTES. Oui, oui, approuvé.

SIMON. Du reste, j'aurai l'œil sur les tapageurs, et, pour empêcher qu'on ne se batte, j'assommerai tous ceux qui feront mine de se chercher dispute, et là carrément...psit!...

TOUS. Approuvé! approuvé!..

SIMON.

Air : *Ne raillez pas la garde citoyenne.*
Vive le bal des dames de la Halle,
Là, que d'appas, que de trésors naissants,
Mais on est sage en songeant qu' la morale
Est de rigueur place des Innocents.
Si le gant jaune chez nous rar'ment s' rencontre,
Nul ne paraît remarquer ce détail...
A sa danseuse avec orgueil on montre
Un' main noircie au soleil du travail,
Pour un dandy danser un' contredanse,
C'est, nous dit-on, faire un très-grand effort,
Vivent nos forts : dès que le bal commence,
Chacun d' nos forts va d' plus fort en plus fort.
Chez les bourgeois c'est de glac' qu'on s' régale,
Nous, c'est moins cher, quand le bal est fini,
On boit la goutte, attendu qu'à la Halle,
C'est Paul Niquet qui remplac' Tortoni,
Dans les grands bals, un commissaire enseigne
Où faut s' placer... chez nous, point d' ces gens-là.
Pour se placer on se donne un coup d' peigne,
Sans déranger l' commissaire pour ça.
Bref, pour entrer l'on n' fait pas antichambre,
Et sur l' carreau qu'on transforme en salon,
Au lieu d' sentir le benjoin, l' musc et l'ambre,
On sentira la ciboule et l'oignon.

TOUS.
Vive le bal, etc.

ÉTRETAT. Allons! allons! les petites mères, maintenant que tout est ben convenu, vite aux emplettes!..

TOUTES. C'est ça, aux emplettes!.. (*Tout le monde remonte.*)

MADAME SIMON. Tu ne viens pas avec nous, Marie?..

MARIE. Non, faut d'abord que je ferme ma boutique... Mais vous me verrez demain... Je ne vous dis que ça...

MONACO. Si ces dames avaient besoin d'argent...

MADAME VERDURIER, *prenant le bras de son mari.* Inutile, vieux... Quand on a un mari, on a toujours un magot.

CHŒUR.

Air :
Pour cette belle fête,
Dentelles et velours,
Nous allons faire emplette
Des plus riches atours.
(*Tout le monde sort.*)

SCÈNE VIII.

MARIE. Là!.. Maintenant que les v'là partis, causons bien vite avec ma cassette... Qu'est-ce qui dirait jamais qu'il y a dans ce petit coffre des robes, des châles, des souliers, des gants, des fichus des bijoux?.. (*Elle est allée, en disant cela, chercher le petit coffret qui est sur la commode, et elle l'apporte sur le comptoir.*) Tout ça y est pourtant... et ça tient moins de place que dans une commode... (*Retirant les billets.*) Un billet de deux cents francs, trois billets de cent francs, et plus de quarante francs en or... C'est comme à la Monnaie ou à la Banque de France...

Air de la *Fiancée.*

Chacun me saluera,
Chacun m'admirera,
J'entends que partout on repète :
C'est un' divinité,
Et dir' que ma beauté
Était au fond de ma cassette,
Je veux un casaquin
De vrai' soie de Pékin,
Des souliers de satin,
Des gants d' peau d' maroquin,
Un magnifique écrin,
Une bague en diamant fin,
Tout ce qu'on voit de mieux enfin.
Pierr' sera-t-il saisi
En me voyant ainsi,
D'avanc' je ris de sa surprise!
Quand il me promèn'ra,
Ah! bien sûr il croira
Avoir sous le bras un' marquise.
Sera-t-il amoureux

Et sera-t-il joyeux.
Comme nous danserons,
Comm' nous nous aimerons.
Ce coffret-là pourtant
Ne cont'nait que d' l'argent;
Et moi j'en fais sortir
D' l'amour et du plaisir.

Maintenant, allons vite faire nos acquisitions.

SCÈNE IX.

MARIE, PIERRE.

PIERRE, *entrant dans le plus grand désordre, et cherchant autour de lui.* Pardon, Mam'selle, mais, n'ai-je pas oublié ici...?

MARIE. Qu'avez-vous, monsieur Pierre?..

PIERRE. C'est... c'est cette lettre... vous savez, cette lettre que je croyais avoir mise là, dans ma veste, et que... sans doute... j'aurai laissée ici...

MARIE. Ici?.. Mais non, monsieur Pierre, je suis certaine que vous l'avez emportée...

PIERRE. Certaine... Oui, au fait, à quoi bon chercher à me tromper moi-même?.. Moi aussi, je suis sûr... Ah! mon Dieu! mon Dieu!..

MARIE. Eh quoi! vous auriez égaré?..

PIERRE. Je l'ai perdue, ou on me l'a volée.

MARIE. Volée?..

PIERRE. Oui... je ne m'en suis aperçu que trop tard... Tout à l'heure, à cent pas d'ici, un homme s'est jeté sur moi du côté où se trouvait la lettre. J'allais le repousser, quand je m'aperçus qu'il était ivre... Après m'avoir demandé pardon, il s'éloigna et je continuai mon chemin... Mais arrivé à l'adresse où l'on m'envoyait, quand je voulus aveindre ma lettre... Ah! ce fut un coup... J'ai cherché partout... dans toutes mes poches... Je suis revenu sur mes pas en cherchant à terre... et ce n'est qu'arrivé à l'endroit où cet homme m'avait accosté, que j'ai compris toute l'étendue de mon malheur.. Cet homme était ici sans doute, quand on a parlé des cinq cents francs renfermés dans la lettre... il m'aura suivi, et son ivresse était feinte... C'est un voleur, j'en suis sûr!.. et maintenant, je suis perdu, déshonoré... personne ne voudra croire au malheur qui m'arrive... On croira que c'est moi... Moi! un voleur!.. Oh! non, je vous jure qu'on ne croira pas cela!.. Adieu, mam'selle Marie... J'étais venu, parce que... fallait bien savoir... Mais, puisque la lettre est perdue, j' vas tâcher d' réparer ça... Adieu, mam'selle Marie.

MARIE, *lui barrant le passage.* Où allez-vous, monsieur Pierre?..

PIERRE. Où je vais?.. Dame!.. je ne sais pas... J' vas trouver des amis... Cinq cents francs, c'est pas une si grosse somme... ça doit s' trouver... Parbleu! est-ce que tout ne se trouve pas?.. Allons, n' vous tourmentez pas... c'est un moment à passer... (*Affectant la gaïeté.*) Nous en avons passé bien d'autres. Votre main, mam'selle Marie. Vous ne me croyez pas un voleur, n'est-ce pas?

MARIE. Oh!..

PIERRE. Non. Eh bien! permettez que je vous embrasse, pour me donner du courage.

MARIE, *remontant vers la porte.* Monsieur Pierre, vous me trompez.

PIERRE. Moi!..

MARIE. Vous méditez un projet sinistre, et je ne vous laisserai pas sortir.

PIERRE. Mais, Mam'selle...

MARIE. Où allez-vous?.. chez quels amis?.. Vous n'en avez pas qui ne me soient connus... Parlez!..

PIERRE. Mais, je vais... je vais... Que sais-je?.. Partout.

MARIE. Aujourd'hui, la veille du bal... quand tout le monde a disposé de ses épargnes... Allons donc!..

PIERRE. Et s'il était vrai, si, en effet, mon malheur était sans remède... est-ce vous, Marie, vous, la probité, l'honneur même, qui me feriez un crime d'échapper, n'importe par quel moyen, à la honte, au désespoir?.. Voulez-vous que je passe pour un malhonnête homme?.. pour un... Oh! je ne répéterai pas cet affreux mot!..

Air d'Aristipe.

Voyez-vous à ma boutonnière
Cette médaille, eh bien, c'est aujourd'hui
La croix d'honneur du commissionnaire.
Peut-on la laisser à celui
Qui dans son honneur a failli?
Sur cette médaille on doit lire
La probité d'un cœur loyal et bon.
Et quand le pouvoir la retire,
C'est une dégradation.

MARIE. Mon Dieu! monsieur Pierre, je comprends bien tout cela!.. Seulement, je m'étonne qu'avant de me dire de si tristes choses, vous n'avez pas employé tous les moyens, épuisé toutes les recherches.

PIERRE. Hélas!.. Vous avez dit vrai, je ne connais personne.

MARIE. Personne!..

Air de Lauzun.

Quand un jeune homme est compromis,
Et que cet homme est aimé de Marie,
Avant d' penser à ses amis,
Il d'vrait penser à son amie.
Je n'ai pas des mille et des cents,
Mais d'obliger je m' fais un' fête,
Et s'il n' vous faut que cinq cents francs,
Tenez, Monsieur, je vous les prête.

PIERRE. Vous!.. Ah! Marie, c' que vous faites là... pardon... mais...

MARIE. Vous pleurez...

PIERRE. Oh ! oui, je pleure !.. Oh ! Marie, Marie, tant de bonté... tant d'amour... oh ! tenez, vous avez eu tort... maintenant, je vais mourir désespéré.

MARIE. Mourir !.. et pourquoi ?..

PIERRE. Croyez-vous que j'accepterai ?..

MARIE. Comment ! si je le crois, mais, j'en suis sûre...

PIERRE. Vos économies... l'argent que vous destiniez peut-être au bal de demain...

MARIE. Par exemple !.. Est-ce que toutes mes acquisitions ne sont pas faites ?.. Prenez sans hésiter... Ce n'est qu'un prêt, d'ailleurs... Vous me rendrez cela petit à petit, comme vous pourrez.

PIERRE. Mais, songez-y donc, une pareille somme !..

MARIE. Ah ! vous avez peur des huissiers... Mais puisque je n'exige pas de billets...

PIERRE. Marie !..

MARIE.

Air : *Oui, je le veux ! oui, je le veux !*
Prenez, prenez, car je le veux !
PIERRE.
Eh quoi ! vous le voulez, Marie...
MARIE.
Je ne veux pas, je vous en prie...
PIERRE.
Mais vous céder serait affreux !
MARIE.
Prenez, à présent, je le veux !
Oui, je le veux !
PIERRE.
Eh bien, j'obéirai, Marie,
Mais jusqu'à la fin de ma vie,
Mon cœur sera reconnaissant.
MARIE.
J'y compte bien, (*ter.*) mais à présent
Partez, Monsieur, vite, partez.
Partez !.. quoi, vous restez ?
PIERRE.
Puis-je, lorsque j'allais mourir,
Partir sans vous bénir.
MARIE.
Allons, Monsieur, il faut partir.
(*Pierre sort.*)

SCÈNE X.

MARIE.

Air : *Cocorico.*
Je n'irai donc plus au bal, (*bis.*)
Moi qui m'en faisais une fête ;
Faut-il qu'un accident fatal
M'enlève la veille du bal
L'argent de ma riche toilette !
Quoi ! je n'irai pas au bal ! (*bis.*)
Après tout, ça m'est égal,
Ça m'est égal !
Si je ne vais pas au bal (*bis.*)
Où Pierre devait me conduire,

Quand j'entendrai son doux signal,
Si Pierre est heureux, au total,
Ne pourrai-je pas encor dire :
Son bonheur vaut mieux que le bal, (*bis.*)
Son chagrin m'eût fait, au bal,
Danser trop mal.
(*On entend rire à la cantonade.*)

Ah ! mon Dieu ! toutes ces dames !.. que leur dire ? la vérité ?.. Oh ! non... ce pauvre Pierre... Mais, comment leur faire comprendre ?.. Les voilà... je suis toute tremblante.

SCÈNE XI.

RISSOLÉ, VERDURIER, SIMON, MARIE, MESDAMES ÉTRETAT, CABOCHARD, RATOUILLE.

CHŒUR.

Air du *Neveu du mercier.*
Nous allons nous permettre
Les dentelles et les diamants,
C'est demain qu'il faut mettre
Les p'tits plats dans les grands.
MADAME ÉTRETAT.
Comment contenir notre joie ?
Vois donc ces riches bracelets...
MADAME CABOCHARD.
Vois donc cette robe de soie.
MADAME VERDURIER.
Vois donc tous ces colifichets.
TOUTES.
Le bal sera des plus coquets.
REPRISE.
Nous allons nous permettre, etc.

MADAME ÉTRETAT. Eh bien ! Marie, tu es encore là ?..

MADAME SIMON. Comment ! tu vends des oranges à c'te heure-ci ?..

MADAME VERDURIER. Et tu ne penses pas à ta toilette ?..

MARIE. Oh ! j'ai le temps.

MADAME CABOCHARD. Le temps !.. Mais, tu n'y penses pas...

MADAME RATOUILLE. Toutes les dames de la Halle ont déjà fait leurs emplettes.

MADAME RISSOLÉ. Paris est au pillage.

MADAME ÉTRETAT. Tous les magasins sont dévalisés.

MADAME SIMON. Tu ne trouveras plus rien.

MARIE. Oh ! que si.

MADAME VERDURIER. Mais je te dis que non, moi.

MADAME CABOCHARD. Laisse donc là ta boutique, et suis nous.

MADAME RATOUILLE. Oui, oui, faut l'enlever.

TOUTES. Enlevons-la.

MARIE. C'est inutile.

MADAME ÉTRETAT. Comment ! c'est inutile ?

MARIE. Toutes mes acquisitions sont faites.

MADAME SIMON. Allons donc !

MADAME VERDURIER. Voyons ça !

TOUTES. Oui, oui, voyons les emplettes.

MARIE. Je ne veux pas vous les montrer.

MADAME CABOCHARD. Des cachotteries.

MADAME RISSOLÉ. Elle veut nous éblouir.

MADAME RATOUILLE. Nous éclipser.

MARIE. Eh bien! si c'est mon idée à moi.

MADAME ÉTRETAT. Laissez donc, c'est un mensonge, puisque ce matin encore, elle n'avait rien acheté.

TOUTES. C'est vrai.

MADAME ÉTRETAT. J'vous parie queuqu'chose, moi, c'est qu'mams'elle Marie fait encore fi de nous.

MARIE. Moi.

MADAME SIMON. Oui, oui, c'est ça, comme à not' dernier bal.

TOUTES. Si je le savais.

MARIE. Ne le croyez pas.

MADAME CABOCHARD. Alors, montre tes atours.

MARIE. Mais...

MADAME VERDURIER. Pas de mais....

TOUTES. Les atours!

MARIE, résolument. Je ne vais plus au bal.

MADAME ÉTRETAT. Quand je le disais!

MADAME SIMON. Tu n'y vas plus!

TOUTES. Elle n'y va plus!

MARIE. Cela m'est impossible.

TOUTES. Pourquoi?

MARIE. Je ne puis vous le dire.

TOUTES.

Air précédent.

C'est indigne, et je jure
D' venger l'affront que je reçois.
Nous faire cette injure
Pour la seconde fois !

MARIE.

Mais puisque ça m'est impossible !

MADAME ÉTRETAT.

Au moins, dites une raison.

TOUTES.

Mais une raison admissible.

MARIE.

Moi! que je vous dise... oh! non, non!

TOUTES.

Pour nous, c'est un nouvel affront.

ENSEMBLE.

C'est indigne, et je jure, etc.

MARIE.

Ce n'est point une injure,
Hélas! pour la seconde fois,
Ici, je vous le jure,
Je fais ce que je dois.

(Sur cette reprise, Marie remonte reconduite par toutes les dames jusqu'à la porte de droite, par laquelle elle sort. Les hommes entrent sur la deuxième reprise.)

SCÈNE XII.

LES DAMES, ÉTRETAT, VERDURIER, CABOCHARD ET MONACO (1).

LES HOMMES.

Quelle est cette aventure?
C'est une dispute, je crois,
Ah! je vous en conjure,
N' parlez pas à la fois.

ÉTRETAT. Silence! morbleu?

CABOCHARD. Parlez tour à tour, on n' s'entend pas!

VERDURIER. Quoi qu'elle a encore fait, c'te Marie?

TOUTES. C' qu'elle a fait?

ÉTRETAT. Silence! la parole est à la plus raisonnable.

TOUTES, *venant à Étretat devant leurs maris.* Alors, j'vas vous dire...

ÉTRETAT. Silence! la parole est à la plus laide. *(Toutes les femmes regagnent leurs places sans rien dire.)* Bravo! personne ne dit plus rien, nous allons nous entendre. Prenez vos numéros. (*A Madame Étretat.)* Numéro 1... Parlez.

MADAME ÉTRETAT. Marie est une bégueule.

MADAME SIMON. Une sainte-Nitouche.

MADAME VERDURIER. Une drôlesse.

MADAME CABOCHARD. Elle fait fi de nous.

MADAME RISSOLÉ. Et de notre bal.

LES HOMMES. De notre bal? *(Simon paraît au fond.)*

SCÈNE XIII.

LES MÊMES, SIMON (2).

MADAME ÉTRETAT. Oui, de notre bal, comme il y a cinq ans; elle refuse d'y venir.

ÉTRETAT. A cause de quoi?

MADAME SIMON. A cause que nous y allons.

MADAME VERDURIER. A cause que c'est un bal de marchands, et que Mam'selle se croit une princesse.

ÉTRETAT. Cristi!

VERDURIER. Pristi.

CABOCHARD. Sapristi!

ÉTRETAT. Mais quelle raison donne-t-elle?

MADAME CABOCHARD. Elle n'en donne pas.

VERDURIER. Eh ben! faut qu'elle m'en donne une à moi, et je vais... *(Il remonte un peu comme pour aller chez Marie.)*

SIMON, *l'arrêtant.* Inutile de te déranger, mon vieux; Marie est la plus sage, la plus honnête, la meilleure de nous tous.

TOUS. Ah! bah!

SIMON. Y n'y a pas d'ah! bah! c'est véridique, et

1 Mad. Ri. Mo. mad. V. V. mad. S. E. mad. E. mad. C. mad. Ra.

2 Mad. Ri. Mo. mad. V. V. mad. S. S. E. mad. E. C. mad. C. mad. Ra.

puisqu'elle ne vous a rien dit, la digne fille, c'est
à moi d' jabbter... Taisez vos becs et ouvrez vos
cornets à poivre. (*Ils redescendent.*)

ÉTRETAT. Voyons, pas tant de mots... au fait.

SIMON. Eh ben ! l' fait, le v'là,.. J'viens d' ren-
contrer Pierre, il pleurait à chaudes larmes, et en
se jetant dans mes bras. — Monsieur Simon, con-
seillez-moi, qui m'a dit. On m'a volé une lettre
qui renfermait un billet de cinq cents francs, j'allais
m' brûler la cervelle ou me jeter à l'eau, quand
une pauvre fille, un ange, pour me sauver, la vie,
m'a donné tout ce qu'elle possédait ; ces cinq
cents francs, les v'là. Mais peut-être que demain,
Marie n'ira pas au bal ; mais peut-être que je ne
pourrai jamais les lui rendre. — Oh ! n'est-ce pas
que je n' dois pas les accepter ?

MADAME ÉTRETAT. Eh quoi ! Marie ?..

SIMON.

Air : *T'en souviens-tu ?*

C'est une fille de la Halle,
On la r'connaît à son bon cœur ;
Mais parmi vous elle a plus d'un' rivale,
Capable aussi de s'courir le malheur.
J'ai dit à Pierre : accepte, et pour Marie
Va, ne crains pas une déception,
C'est encore ell' qui s'ra la plus jolie,
Quand ell' dans'ra paré' d' sa belle action ;
Car parmi nous rien ne rend plus jolie
Et plus heureux qu'une belle action.

MADAME SIMON. Et nous avons cru que c'était
par orgueil !..

MADAME VERDURIER. Nous l'avons outragée !..

MADAME ÉTRETAT. Faut réparer ça !..

TOUTES. Mais, comment ?..

SIMON.

Air :

J' n'en sais rien,
Mais j' crois bien
Qu'on peut trouver un moyen.
Aujourd'hui,
Prouvons-lui
Qu' nous avons du cœur aussi.
TOUS.
Aujourd'hui,
Prouvons-lui
Qu' nous avons du cœur aussi.

MADAME ÉTRETAT, *passant, à Simon.*
Mais après l'affreus' manière
Dont nous venons d' la traiter,
J' crains qu' Mari' n' soit un peu fière
Et n' veuille rien accepter.
SIMON.
Le tout est d' savoir s'y prendre,
Cherchons
TOUS.
Quoi ?
SIMON.
N'importe quoi !

MADAME SIMON.
C'est elle, je crois l'entendre.
SIMON.
Ah ! quelle idé' ! suivez-moi !
TOUS, *parlé.* Qu'est-ce que c'est ?

SIMON.
J' n'en sais rien,
Mais j' crois bien
Qu' j'ai trouvé mon moyen,
Aujourd'hui,
Prouvons-lui
Qu' nous avons du cœur aussi.
TOUS.
Aujourd'hui, etc.
(*On chante cette reprise à mi-voix en remontant
et en sortant par le fond, à gauche.*)

SCÈNE XIV.

MARIE. Je n'entends plus rien... elles sont
parties... Me croire fière, me croire orgueilleuse...
Je ne pouvais pourtant pas leur dire la vérité...
Maintenant, sans doute, il n'est bruit, à la Halle,
que de l'affront que je fais aux marchandes... Et
Pierre qui ne revient pas... Oh ! tant mieux ! S'il
apprenait... pauvre garçon !.. était-il pâle !.. Ah !
quoi qu'il arrive, non, jamais je ne me repentirai
de ce que j'ai fait pour lui.

SIMON, *en dehors.* Toutes sur une ligne, et par
le flanc droit, droite !..

MARIE. Qu'entends-je ?..

SIMON, *en dehors.* Pas accéléré ! en avant,
marche !.. (*Musique à l'orchestre. Ici on voit entrer Simon, suivi de toutes les femmes et de
tous les hommes. Ils entrent un par un, et portent
tous des bouquets. La ligne part de l'avant-scène
de droite, et se termine à la porte. Marie est à
gauche.*)

SCÈNE XV.

MARIE, LES FEMMES ET LES HOMMES.
MARIE. Que signifie ?..
SIMON. Halte ! Présentez armes !.. (*Ils lèvent
tous leurs bouquets à la hauteur de leur figure.
A Marie.*)
Air :
Acceptez, je vous en prie,
Acceptez sans hésiter,
C'est la fête de Marie
Que nous venons souhaiter,
TOUS.
Acceptez, je vous en prie, etc,

MARIE, *prenant tous les bouquets.* A moi tous
ces bouquets ?.. (*Elle les pose sur la commode.
Les hommes descendent à droite, derrière les
femmes.*)

MADAME SIMON. A toi aussi cette robe de soie

pour le bal de demain. (*Elle la met sur la commode.*)

MARIE. A moi?..

MADAME ÉTRETAT. Et ces bracelets. (*Même jeu.*)

MADAME VERDURIER. Et ce collier. (*Même jeu.*)

MADAME ÉTRETAT. Oui, tout ce que nous avions acheté pour nous...

MARIE. Mais, que veut dire?.. Je ne comprends pas...

SIMON, *qui est remonté pendant que l'on a donné tous les objets (1).* Vous n'avez pas besoin de comprendre... Y faut que vous soyez la plus belle du bal, comme vous en s'rez la meilleure...

MARIE, *entourée des femmes et de Simon; les hommes sont restés à droite.*

Air : *Faut l'oublier.*

Ah! laissez-moi, tenez, je pleure,
(*Elle tombe assise sur la chaise qui est près d'elle.*)
Je pleure et mon cœur est content.

SIMON.

Eh quoi! des larmes, mais pourtant,
D' pleurer, morbleu! ce n'est pas l'heure.
Au bal, montrez-vous à nos yeux,
Sous une toilette brillante
Avec ce minois gracieux,
Songez que vous serez charmante
Et que Pierr' sera bien heureux.

LES FEMMES.

Songe que tu seras charmante,
Et que Pierr' sera ben heureux.

(*Les femmes rejoignent leurs maris, de manière qu'il y a la moitié des ménages à gauche de Marie, et l'autre moitié à droite (2).*)

MARIE. Pierre!.. Eh quoi! vous savez?..

SIMON. Nous savons tout.

1 Trois femmes, M. S, trois femmes, les hommes.
2 Mad. Ri. mad. V. V. mad. C. C. Ma. S. mad. S. E. mad. E Mo. Ra.

Air de *Paris la nuit.*

Nous savons qu'à la Halle
On n'a pas très-bon ton.
On y brav' le scandale
Et le quand dira-t-on!
Oui, mais on n'y signale
Jamais de trahison,
Car les gens de la Halle
Ont l' parler franc et le cœur bon,
Et nous savons déjà
Qu'à ces deux titres-là
Vous êtes de la Halle et qu'on vous y fêt'ra.
Au bal! au bal! (*bis.*)
L'orchestre a donné le signal.
Au bal! au bal, etc.
(*Mouvement de sortie.*)

MARIE, *les arrête.*

DEUXIÈME COUPLET.

Mes amis, pour ma fête,
J' prends vos cadeaux d' bon cœur,
Et puisse ma toilette
Au bal vous faire honneur,
Que par elle embellie
Je m' distingue à mon tour,
Et que toute ma vie
Elle me rappelle ce jour.
Car je le sens déjà,
Mes amis, les voilà.
Oui, je suis de la Halle et mon bonheur est là.
Au bal! au bal!
L'orchestre a donné le signal, etc.
(*Ils remontent tous pour sortir, Marie va à sa commode. — Tableau. — Le rideau baisse.*)

FIN DU PREMIER ACTE.

ACTE DEUXIÈME.

Le Marché des Innocents transformé en salle de bal, la fontaine illuminée, trophées de drapeaux, lustres, candélabres, une grande table servie est placée en diagonale de la gauche à la droite et se perd dans la coulisse.

SCÈNE PREMIÈRE.

TOUS LES HOMMES ET LES FEMMES DE LA HALLE.

(*Au lever du rideau, les femmes, dans les plus riches toilettes, sont assises à table: face au public. Les hommes sont en habit noir, mais grotesquement costumés, sans pourtant sortir de la vérité. Ils sont debout derrière les dames et les servent.*)

CHŒUR.

Air :

Que ce festin
Jusqu'à demain
Matin
Prouve que la Halle,
Quand on la régale

Sait reconnaître en vidant chaque plat
Un procédé délicat.

MADAME ÉTRETAT.

Allons, Messieurs, servez.

MADAME CABOCHARD.

Servez, Messieurs, vous le devez.

SIMON.

C'est charmant, voyez-les
Nous prendre tous pour des valets.

LES FEMMES.

Servez, servez,
Vous le devez.

SIMON, *parlé.* Un dernier toast!..

TOUS. Écoutons.

SIMON, *parlé.*

Je bois avec ravissement
Au sexe aimant,

Qui fait en ce moment,
Le plus bel ornement
De ce festin charmant
Donné par le gouvernement.

TOUS. A la santé du beau sexe.

REPRISE DU CHŒUR.

Que ce festin, etc.

(On le chante deux fois, sur la première tout le monde remet sur la table les objets tenus dans les mains, puis sur la seconde, on quitte la table qui est enlevée par des domestiques, pendant que l'on descend en scène ; les femmes d'abord, et les hommes ensuite.)

MADAME CABOCHARD. Convenez, Mesdames, que le gouvernement nous a donné là un banquet qui n'était pas trop mal fricotté.

MADAME SIMON. Un banquet où les hommes servaient les dames... C'est gentil, ça !..

MADAME ÉTRETAT. Seulement, monsieur mon mari buvait toujours à ma place...

ÉTRETAT, *descendant, à sa femme* (1). Je buvais à votre santé, mon épouse.

SIMON. Messieurs, ne laissons pas languir la fête. En attendant le bal, je propose une ronde.

VERDURIER. Sur quoi?..

SIMON. Sur tout... et je commence. *(Tous les hommes vont à leurs épouses. Les chœurs sont sur le second rang (2).*

Air de *Montaubry.*

Chez les forts et sans coffre-fort
Quand la gaîté les reconfort,
Chez les forts on va sans effort
Toujours de plus fort en plus fort.

REPRISE EN CHŒUR.

MADAME SIMON.

La vill' nous traite vingt mille,
Nous pouvons bien, mes amis,
Nous qui nourrissons la ville
Par la ville être nourris.

TOUS.
Chez les forts, etc.

VERDURIER.
Voyez sur notre fontaine
Ces lampions éblouissants,
Comme autrefois, la Fontaine
Éclaire les Innocents.

TOUS.
Chez les forts, etc.

ÉTRETAT.
Demain dans la capitale
Les pot-au-feu manqueront,
Croit-on qu' sans les gens d' la Halle,
Les légum's au pot iront.

1. Mad. Ri. mad. V. V. mad. S. S. mad. E. E. mad. C. mad. Ra.

2. Mad. Ri. un F. mad. V. V. mad. S. S. mad. C. Mo. C. mad. Ra.

TOUS.
Chez les forts, etc.

MADAME CABOCHARD.
La ru' d' Rivoli s'étale
Dans tout Paris embelli,
On abat la capitale
Pour fair' la ru' d' Rivoli.

TOUS.
Chez les forts, etc.

MADAME ÉTRETAT.
Qu'on abatte cent murailles,
Qu'on abatte tout Paris,
C'est à la Halle aux volailles
Qu'on voit le plus d'abattis.

TOUS.
Chez les forts, etc.

SIMON.
A quatorze filles sages,
On va donner mille écus,
Ces quatorze mariages
Feront quatorze... Crésus.

TOUS.
Chez les forts, etc.

(A la fin de la ronde, on entend un grand bruit au dehors.)

TOUS. Qu'est-ce que cela?..

SIMON. C'est Pierre qu'on nous amène.

TOUS. Pierre !..

SIMON. Mesdames, courez chercher Marie, et nous, attention !.. *(Les femmes sortent à gauche.)*

SCÈNE II.

LES MÊMES, *moins les Dames, plus* PIERRE, *amené par quatre hommes. Ils viennent de la droite* (1).

CHŒUR.

Air :
C'est en vain que l'on nous résiste.
Il faut suivre les bons enfants,
Et que la Halle entière assiste
A la fête des Innocents.

PIERRE. Pourquoi me faites-vous violence?.. Vous savez bien que je ne peux pas avoir le cœur à la joie...

SIMON. Pourquoi donc ça?..

VERDURIER. Est-ce que les amis ne sont pas les amis?

ÉTRETAT. Est-ce qu'on peut rire ou pleurer les uns sans les autres?

PIERRE. Je ne pourrais rire avec personne... et quant à pleurer, j'ai quelque chose de mieux à faire, j'ai à m'acquitter d'une dette sacrée... et pour ça faut que j' travaille... or, pour travailler dans le jour, faut que j' dorme dans la nuit. Bonsoir.

SIMON, *lui barrant le passage.* Pas de ça, Li-

1. V. M. E. R. S. C.

sette ! Pour bien travailler faut avoir du cœur à l'ouvrage, et c'est pour t'en donner du cœur, que nous t'avons fait venir.

PIERRE. Me donner du cœur, me conduire à ce bal dont je l'ai privée... quand peut-être, à cette heure, elle se repent... elle regrette... oh! non, son cœur est trop bon, trop généreux... mais rester ici quand elle n'y est pas... oh! non, non ! *(Ritournelle de l'air suivant.)*

SIMON. Eh bien ! soit, tu vas partir, mais auparavant faut qu'on te présente à la reine du bal... les reines, c'est toujours bon à connaître... Justement, je crois que j'entends la nôtre... Incline-toi devant Son Altesse. *(Tous les hommes passent à droite.)*

PIERRE. Que vois-je ?

SCÈNE III.

LES MÊMES, MARIE, *en grande toilette, entourée de toutes les dames.*

CHŒUR.

Air de la *Fiole de Cagliostro.*

Quelle charmante toilette !
Quelle éclatante beauté !
Et la reine de la fête
Brille aussi par sa bonté.

(Toutes les dames sont à gauche, Marie est au milieu du théâtre; les hommes sont à droite.)

PIERRE.

O ciel ! est-ce une vision ?
Est-ce une apparition ?
En vérité, je rêve ou
Je suis fou.
De si magnifiques habits,
Des bijoux d'un si grand prix.

MARIE.

Je les dois à nos amis.
Ils se sont dépouillés pour nous
De ces atours, de ces bijoux.

MADAME ÉTRETAT.

Et ces atours, et ces bijoux
Valent mieux sur toi que sur nous.

CHŒUR.

Quelle charmante toilette, etc.

SIMON, *à Pierre.* Eh bien ! veux-tu encore t'en aller ?

PIERRE. Oh! tout ce que vous faites pour moi, ça me prend là, ça me... Mais je le jure, je m'acquitterai envers vous tous, envers vous aussi, Mam'selle. *(Il va à elle* (1).

MARIE. Et si j'avais trouvé un moyen de payer vos dettes?

PIERRE. Un moyen !

MARIE.

Air : *Je m'en tiens à la qualité* (Corde sensible).

Quand j'étais riche, hier encore

Je pouvais trouver des maris.
Par un malheur que je déplore,
Mon mariage est compromis.
Car, aujourd'hui, j'aurais beau plaire,
Les maris m' fuiraient; en un mot,
Je n'ai plus de dot, monsieur Pierre,
Voulez-vous m'épouser sans dot ?

SIMON. Bravo, Marie!

TOUS. Bravo!

PIERRE. Vous épouser... ah ! vous savez, Marie, si j'ai un plus cher désir, si ce n'est pas mon plus doux rêve ; mais dans not' monde, c'est pas la femme qui doit enrichir l'homme... ça f'rait mal parler, mal penser de nous... laissez-moi m'acquitter, Mam'selle... et si plus tard j'étais assez heureux...

SIMON, *qui est remonté et se place entre eux deux* (1). En voilà assez!.. Je ne suis pas commissaire du bal pour le laisser tourner au mélodrame... Voilà la danse qui nous appelle, et si tu ne veux pas te marier, j'espère que tu voudras bien danser... tu n'as pas besoin d'argent pour ça, c'est le gouvernement qui paie. Messieurs, la main aux dames et un galop monstre jusqu'à l'orchestre.

TOUS. Vivat! *(Chaque homme prend une dame par la main.)*

Air :

Chaud! chaud!
Au galop,
Livrons un assaut,
Jamais il ne faut
Se reposer trop.

(Tout le monde sort par le fond à gauche en galopant.)

SCÈNE IV.

CLIQUET, *en fort;* GROSBEC, *en dame de la Halle.*

CLIQUET, *à la cantonade à droite.* Regardez bien, contrôleurs, nous sommes sur la liste des invités... députation de Caen... classe des potirons. *(Il entre.)* Viens donc, Almanzina, viens donc, ma chérie... *(Avec joie.)* Nous v'là dedans.

GROSBEC, *entrant.* Dis donc, Cliquet, il y a une chose qui m'interloque.

CLIQUET. Et quoi donc ?

GROSBEC. C'est qu'autant que j'ai pu voir par ceux qui descendent de voiture, tout le monde est en bourgeois, et que, sous nos costumes, toi, de fort, moi, de dame de la Halle, nous allons avoir l'air de purs chienlits.

CLIQUET. Allons donc, l'idée la plus ingénieuse!

GROSBEC. Pourvu que ton idée ingénieuse ne nous fasse pas flanquer à la porte.

1. Les femmes. M. P. S. Les hommes.

1 Les femmes. M. S. P. Les hommes.

CLIQUET. Bah ! la preuve qu'on ne se doute de rien, c'est qu'en ma qualité de fort, j'ai déjà reçu deux coups de poing.

GROSBEC. Et moi, deux baisers... ça, c'est vrai que j'ai l'air assez coquin... à la porte, ils disaient tous : ah ! la jolie petite femme ! ça m'a flatté.

CLIQUET. Là ! tu vois bien.

GROSBEC.

Air de *Calpigi*.

Oui, c'est très-bien, mais à la porte,
On m'a pincé...

CLIQUET.
Bah ! que t'importe !
Sans doute quelques vieux garçons...

GROSBEC.
Nous somm's à la halle aux poissons,
Et ça m'a donné des soupçons ;
Car lorsqu'on m'a pincé la taille,
Ça m'a fait l'effet d'un' tenaille,
Et j'ai cru qu' c'était un homard
Qu'on avait oublié queuqu' part.

CLIQUET. Un homard ! quelle bêtise !.

GROSBEC, *sentencieusement*. Cliquet !.. il y a des poissons qui aiment la musique. Je l'ai lu dans le *Moniteur*, c'est officiel.

CLIQUET. Allons, allons, ne songeons qu'à nous amuser avec l'argent de mon oncle.

GROSBEC. Ton oncle, veux-tu que je te dise, Cliquet, il m'a fait l'effet d'une boîte à surprise.

CLIQUET. Le fait est que j'ai été diablement surpris... lui qui, toutes les fois que je lui demande vingt-cinq francs, ne m'adresse que cent sous et une lettre de sottises, m'envoyer aujourd'hui cinq cents francs tout sec, sans un mot de reproche.

GROSBEC. Le commissionnaire s'excusait d'avoir perdu la lettre.

CLIQUET. Comme si je tenais à une lettre de mon oncle... Cependant j'aurais été curieux de connaître celle-là..... pour m'avoir envoyé cinq cents francs, il faut qu'il soit devenu toqué ou millionnaire.

GROSBEC. Si j'étais à ta place, moi, demain je lui demanderais cinquante francs.

CLIQUET, *d'un ton de reproche*. Ah ! Grosbec...

GROSBEC. Pour être logique, il t'enverrait mille francs ; et quand on a un oncle, vois-tu, il faut le martingaler, je ne connais que ça !

~~~~~~

SCÈNE V.
CLIQUET, GROSBEC, SIMON.

SIMON, *au fond*. Tiens, tiens, qu'est-ce que c'est donc que ces deux-là ?... Eh bien, ils ne se gênent pas.... Ils viennent au bal comme ils iraient à la criée.

CLIQUET, *bas, à Grosbec*. On nous examine, attention, Grosbec.

GROSBEC, *bas*. Mais ne m'appelle donc pas Grosbec, ce n'est pas un nom de demoiselle, appelle-moi Almanzina.

SIMON. Pardon, les amis. (*Examinant Grosbec*.) Tiens ! la petite est gentille, elle est très-affriolante, la petite... Pardon, mais en ma qualité de commissaire du bal, je dois vous prévenir que vous êtes vêtus comme on ne se *vêtut* pas.

GROSBEC, *bas, à Cliquet*. Là ! elle est gentille, ton idée ingénieuse !

CLIQUET. Et comment se vêt-on ?

SIMON. Dame ! pour les hommes, à peu près dans mon genre.. le frac, le pantalon, les bas à volonté. Pourvu qu'on ait l'air distingué, on est toujours bien. (*Se rengorgeant*.) Mais faut avoir l'air distingué.

CLIQUET. Monsieur le commissaire, je vous prie de croire que nous ne savions pas....

SIMON. Oui, je vous crois, vous ne saviez pas. Mais maintenant que vous savez, (*Il leur indique la porte*.)

CLIQUET. Hem ! cela veut dire ?

SIMON. Que je vous prie d'entrer dehors.

CLIQUET. Nous, plus souvent ! qu'on nous conduise à l'autorité.

SIMON. L'autorité, c'est moi, (*Montrant ses bras*.) et voilà les gendarmes.

GROSBEC, *à part*. Il me reluque ! je vais l'incendier. (*A Simon*.) Comment, gros amour de pépère.

SIMON, *à part*. Je crois qu'elle vient de m'appeler gros amour.

GROSBEC. Est-ce que vous auriez le cœur de nous renvoyer à Caen sans voir le bal ?

SIMON. Ah ! vous êtes de Caen ; et vous êtes arrivés de Caen, quand ?

GROSBEC. D'hier soir seulement, avec mon cousin que voici.

SIMON. Belle Canaise, je veux bien faire une exception en votre faveur, mais il faut absolument que le cousin aille s'habiller.

GROSBEC, *bas, à Cliquet*. Bigre ! ne me quitte pas.

CLIQUET. Mais, Monsieur, ma cousine...

SIMON. Ne quittera pas l'aile du commissaire.

CLIQUET. Oh mais, savez-vous bien que c'est mon amoureuse.

SIMON. Je ne vous dis pas le contraire, mais allez vous habiller... et vous, belle Canaise, allons nous rafraîchir au Panier-Fleuri.

GROSBEC, *bas, à Cliquet*. Cliquet, je t'en supplie, ne me laisse pas rafraîchir.

CLIQUET. Commissaire, je vous déclare que je ne bouge pas d'ici.

SIMON. Bien vrai ?

CLIQUET. Bien vrai !

SIMON. Eh bien ! mon petit, vous n'êtes pas lourd, je vais vous porter dehors.

CLIQUET. Me porter !... Mais savez-vous bien que vous avez affaire à un fort.

SIMON. Ah ! tu veux faire le méchant... alors, je
~~~~~~

vais te faire prendre un bain dans la fontaine des Innocents.

CLIQUET. Monsieur, ne vous y fiez pas... j'ai l'air faible, mais je connais ma force, je suis tout nerf, Monsieur.

SIMON. Rien n'amollit les nerfs comme un bain froid... J' vas te tremper.

GROSBEC. Arrêtez !.. on dirait que je fais battre les hommes.

SIMON.

Air: *Pour l'âme paternelle.* (La Polka en province.)

Sans bruit et sans scandale
Disputons ses attraits,
Car deux forts de la Halle
Ne reculent jamais.

ENSEMBLE.

SIMON ET CLIQUET.

Sans bruit et sans scandale, etc.

GROSBEC.

Ah! craignez le scandale
Pour mes faibles attraits,
Songez que la morale
Est dans nos intérêts.

SCÈNE VI.

TOUS LES PERSONNAGES, *moins* PIERRE ET MARIE.

TOUS.

Suite de l'air.

Qu'arrive-t-il? ô ciel! une bisbille!

SIMON.

A toi ce coup de poing !

GROSBEC, *voulant les séparer, reçoit le coup de poing destiné à Cliquet.*

Ah !

Je m'évanouis.

(*Il tombe à terre. Les femmes vont à lui, et les hommes à Simon et à Cliquet pour les séparer. Les hommes sont à droite, les femmes et Grosbec à gauche.*)

LES FEMMES.

Ah! pauvre jeune fille!

SIMON.

La fontaine la vengera.

CHŒUR.

Quel bruit et quel scandale,
Amis, séparons-les,
Car deux forts de la Halle
Ne reculent jamais.

ÉTRETAT, *cherchant à contenir Simon.* Voyons, voyons, c'est des bêtises.

MADAME ÉTRETAT. Ah! cette pauvre jeune fille ! il faut la délacer.

SIMON. Je vous dis que je veux le baigner un peu...

CLIQUET. A la garde !

LES HOMMES. Voyons, voyons, Simon, sois raisonnable.

MADAME ÉTRETAT. Dieu! elle a des bretelles.

LES FEMMES. Des bretelles !

MADAME ÉTRETAT. C'est un homme !

LES FEMMES. Un homme ! (*Toutes les femmes qui tenaient Grosbec le lâchent, il tombe par terre; elles remontent un peu.*)

GROSBEC. Ah! cristi ! que c'est bête!

SIMON, *allant à Grosbec* (1). Un homme! je faisais la cour à un homme ! (*Il prend Grosbec d'une main et le relève.*)

MADAME SIMON, *descendant à la gauche de son mari* (2). Comment, vous lui faisiez la cour?

SIMON. Non, je veux dire que vous comprenez... parce que faut que je le trempe dans la fontaine. (*Il prend Grosbec sous son bras et veut le porter dans la fontaine.*)

GROSBEC. Au secours! à la garde !

SCÈNE VII ET DERNIÈRE.

LES MÊMES, PIERRE ET MARIE.

MARIE (3). Qu'est-ce donc? quel est ce bruit?

CLIQUET. La marchande d'oranges! nous sommes sauvés ! Ah ! Mademoiselle, ayez pitié de nous, sauvez mon ami ! sauvez-moi !

PIERRE. Simon, que faites-vous ?

SIMON, *reprenant Grosbec.* Je vous en prie, laissez-moi le baigner.

MARIE. Arrêtez, Simon, et puisque je suis la reine du bal... veuillez m'expliquer...

SIMON. V'là l'affaire !... ces deux intrus se sont fallacieusement introduits, sous des déguisements équivoques, à cette fête splendide; je les ai condamnés à un bain de pieds pour leur laver la tête, et j' vais commencer par la tête. (*Pendant ceci, Pierre est allé à Étretat.*)

MARIE. Arrêtez! Simon... Et, bien que ces deux messieurs, que je reconnais maintenant, soient la cause du malheur arrivé à Pierre, il ne faut pas de scandale ici... Ils sont assez punis, qu'ils partent.

GROSBEC, *lâché par Simon, est venu à Cliquet* (4). Viens, Cliquet... sauvons-nous.

CLIQUET. Un instant !.. Je demande à savoir de quel malheur nous sommes cause.

MARIE. Oh! pour ça, ce n'est pas votre faute ! Partez, Messieurs, et ne revenez plus à la Halle; c'est un conseil que vous ferez bien de suivre.

GROSBEC. Viens, Cliquet, allons-nous-en.

CLIQUET. Monsieur Pierre, qu'est-ce que c'est donc, hein ?..

1 G. S. les femmes, à gauche; les hommes à droite.

2 G. S. mad. S. les femmes remontent à gauche, les hommes à droite.

3 G. S. Ma. P. les femmes, deuxième rang, les hommes.

4 Les femmes, S. mad. G. Cl. P. E. V. C. Mo.

PIERRE. Votre lettre que j'ai perdue.

CLIQUET. La lettre de mon oncle?..

PIERRE. Non, la vôtre, qui renfermait cinq cents francs.

CLIQUET. Ma lettre, à moi?..

PIERRE. Pour vous rendre cette somme, il a fallu qu'on me la prête... C'est un grand malheur, mais vous n'y pouvez rien... Partez!..

CLIQUET. Comment!.. les cinq cents francs que vous m'avez remis ne m'étaient pas envoyés par mon oncle?..

PIERRE. Mais non, puisque votre lettre m'avait été volée.

CLIQUET. Volée!.. Ah! bien, c'est le voleur qui a été volé... Ma lettre ne renfermait rien du tout.

TOUS. Que dit-il?..

GROSBEC. Viens, Cliquet, allons-nous-en.

CLIQUET. Veux-tu me laisser tranquille, toi?..

PIERRE. Ah! je vous en prie, Monsieur, ne me trompez pas... Votre lettre, dites-vous?..

CLIQUET. Elle renfermait vingt-cinq francs que je demandais à mon oncle... qu'il ne m'aurait pas envoyés, je le connais... Il m'aurait envoyé sa malédiction, mais jamais cinq cents francs.

PIERRE, *l'embrassant.* Ah! Monsieur, vous êtes mon sauveur!..

CLIQUET. Vous m'étouffez, Monsieur!..

GROSBEC. Allons-nous-en, Cliquet, allons-nous-en!..

SIMON. Mais alors, la somme?..

TOUS. Oui, les cinq cents francs?..

CLIQUET, *les tirant de sa poche.* Les voici, moins quarante-sept francs employés à la location de ces costumes et à l'acquisition de quelques côtelettes aux cornichons, pour nous rafraîchir... Mais, nous vous les rendrons, jeune homme.

PIERRE. Ah! je vous en tiens quitte. (*Il va à Marie* (1).

CLIQUET. Du tout... Nous ferons plutôt vos commissions, Grosbec et moi... nous porterons vos crochets...

GROSBEC. Oui, je reste à ses crochets...

MARIE. Eh bien! monsieur Pierre...

PIERRE. Marie!..

Air : *Je m'en tiens à la qualité* (Corde sensible).

Le pauvre commissionnaire
Vous doit le plus grand des bienfaits ..
Permettez que ma vie entière,
J'en paie au moins les intérêts.
Cette dot doit être augmentée,
Et mon bonheur sera bien grand,
Si l'ange qui me l'a prêtée,
Accepte la main qui la rend.

MARIE. La voici, monsieur Pierre.

SIMON, *qui, pendant ce qui précède, a passé derrière Marie et Pierre, et est venu se placer à côté de Grosbec* (2). Bravo! bravissimo!.. que le bal des Innocents soit un bal de fiançailles... (*A Cliquet et à Grosbec*). Jeunes serins, votre belle conduite vous a rendus dignes de rester ici... pour nos menus plaisirs... Entendez-vous l'orchestre?.. En place tout le monde!..

TOUS. En place!.. (*Les hommes prennent chacun une dame, et l'on se place pour la danse. On fait une chaîne anglaise, la petite laitière et le galop.*)

1 Les femmes, S. Mo. P. G. Cli. les hommes.
2 Les femmes, Ma. P. S. G. Cli. les hommes.

FIN.

LAGNY. — IMPRIMERIE DE VIALAT ET Cie.

SUITE DU CATALOGUE.

LAGNY. — Imprimerie de VIALAT et Cie.